Liebe Alina!
Damit Latein Dir
mehr Spaß macht
und leichter fällt!

Opa und Omi
2. November 2012

MAX ET MORITZ

Max und Moritz

Max und Moritz

eine

Bubengeschichte

in

sieben Streichen

von

Wilhelm Busch.

Max et Moritz

sive septem dolos puerorum pravorum

quos depictos enarravit GUILELMUS BUSCH

Latine vertit OTTO SCHMIED

Edidit GUALTERUS SAUER

Latine et Germanice

Edition Tintenfaß

Wir danken PEGASUS LIMITED für die Unterstützung.

Satz: OLD-Media OHG, Neckarsteinach

Druck: Danuvia Druckhaus Neuburg GmbH

ISBN 978-3-937467-95-5

PRAEFATIO

Libellus ille Guilelmi Busch, cuius index est *Max et Moritz*, una cum *Petro Hirruto* Henrici Hoffmann unus ex clarissimis libris Germanicis est usui liberorum destinatus. Quam nota sit illa »puerorum septem facinora committentium« fabula, in aperto est, cum legis innumeras paene eius translationes. Qui liber, anno 1865mo primum editus, plus quam trecentis versionibus in centum et quinquaginta linguas et dialectos editis publici iuris factus est. Inter rariores tranlationes operis inveniri possunt non minus quam novem Latinae.

Ottonis Schmied autem translatio in linguam Latinam facta iam ante quinquaginta annos loco obscuro edita nostro tempore vix legi potest. Quam translationem denuo edere nobis maximo est gaudio. Sequitur auctor doctus modum carminum medii quod vocant aevi compositorum, quae carmina *Vagantium Cantilenae* nuncupantur (vide e.g. *Carmina illa Burana*), quae paribus versibus homoioteleutis vel septem vel octo syllabarum panguntur. Qui rhythmus et quae methodus modo Guilelmi Busch maxime quadrat et eodem modo argumentum auctoris fidelissime redditur.

Versio autem Schmiedii vel Fabri gustui philologorum plurimum arridet, cuius et stilus et voces eis quoque lectoribus, quorum Latinitas quodam modo iam defecit, facilius intellegitur quam aliae eiusdem libri versiones.

Otto igitur Schmied (1887–1981) valde studuit litteris Graecis et Latinis. In urbe Vindobonensi, quae eius patria erat, docuit multos per annos linguas Graecam et Latinam in schola Grillparzeriana, cuius rector fuit. Alia complura edidit opera et Graeca et Latina, in quibus praeter libellum Buschii Latinum et versionem Graecam eiusdem libelli clarissimi necnon *Petrum Hirrutum* Graecum Henrici Hoffmanni, item Guilelmi Busch libellum, cui titulus *Plix et Plum*, carmina narrativa Goethii, Schilleri, Buechneri necnon Uhlandi. Quibus versionibus addas et carmina quaedam popularia Germanica Latine reddita et aenigmata Latina.

In hac editione bilingui invenire potes, lector benigne, et versionem Latinam et textum originalem, ita ut versionem comparare possis cum textu originali, quae comparatio faciliorem reddat exercitationem linguae Latinae.

In appendice offerimus Glossarium Latino-Germanicum usui lectoris accomodatum.

Gratias agimus maximas domui editoriae *Pharo*, ex cuius ephemeridibus, cui titulus *Tiro* (1958–1959) et *Alindethra* (1964–1967) textum sumpsimus, cuius editio ultima eademque definitiva inest periodico *Tiro* 33, 5/6 (1987) – 34, 3/4 (1988). Vindiciae aliorum editorum nobis non innotuerunt. Arminius Pugilis vulgo Hermann Wiegand hanc praefationem transtulit in linguam Latinam nobisque in componendo Glossario auxilio fuit. Hic liber et omnibus linguae Latinae amicis et fautoribus Maxentii et Mauritii dedicatur. Speramus fore cum proverbio Guilelmi Busch »uti rem comiter accepturi et paululum subrisuri sitis«!

Gualterus Sauer

Vorwort

Wilhelm Buschs *Max und Moritz* ist neben dem *Struwwelpeter* von Heinrich Hoffmann Deutschlands bekanntestes Bilderbuch und ein internationaler Kinderbuchklassiker. Der Bekanntheitsgrad der »Bubengeschichte in sieben Streichen« spiegelt sich u. a. in der Vielzahl ihrer Übersetzungen. Das erstmals im Jahre 1865 erschienene Buch hat es bis heute auf über 300 Übersetzungen in mehr als 150 Sprachen und Dialekten gebracht. Unter den »exotischeren« Fassungen finden sich nicht weniger als neun lateinische.

Die Übertragung von Otto Schmied entstand bereits vor über 50 Jahren und war bisher nur in entlegenen Veröffentlichungen greifbar. Wir freuen uns, diese originelle lateinische Fassung hier neu vorzulegen. Im Metrum orientiert sie sich an den Vagantenliedern des Mittelalters, wie sie uns etwa in den *Carmina Burana* überliefert sind, und wählt dabei den paarweise gereimten Sieben- und Achtsilbner. So kommt sie dem Versmaß und Reimschema Wilhelm Buschs am nächsten. Auch inhaltlich zeichnet sie sich durch große Treue zum Original aus. Die Entscheidung, Schmieds Übersetzung für eine Neuausgabe zu verwenden, begründet sich nicht zuletzt dadurch, dass es sich hier um eine philologisch hochwertige Version handelt, die zudem in Stil und Vokabular auch Lesern, deren Lateinkenntnisse nicht (mehr) unbedingt ausgezeichnet sind, leichter zugänglich ist, als manche andere Übersetzung des Buches.

Otto Schmied (1887–1981) war Altphilologe mit Leib und Seele. Er war Latein- und Griechischlehrer in seiner Heimatstadt Wien und als solcher Direktor am dortigen Grillparzer-Gymnasium. Neben seinem lateinischen *Max et Moritz* stammt auch eine altgriechische *Max-und-Moritz*-Version aus seiner Feder. Auch Heinrich Hoffmanns *Struwwelpeter* übertrug er meisterhaft in griechische Verse. Außerdem übersetzte er Buschs *Plisch und Plum*, Balladen von Goethe, Schiller, Büchner und Uhland u. a. sowie zahlreiche deutsche Lieder ins Lateinische und veröffentlichte lateinische Rätsel.

In dieser zweisprachigen Ausgabe ist neben der lateinischen Übersetzung auch das deutsche Original zu finden. Dies ermöglicht die vergleichende Lektüre und macht das Buch außerdem zu einer Hilfe beim Lateinlernen. Im Anhang findet sich außerdem ein ausführliches lateinisch-deutsches Glossar.

Dank gilt dem Beacon-Verlag, Bad Dürkheim, für die Abdruckerlaubnis des erstmals in seinen Zeitschriften *Tiro* (1958–1959) und *Alindethra* (1964–1967) veröffentlichten Textes, den wir hier in der endgültigen Fassung aus *Tiro* 33, 5/6 (1987) – 34, 3/4 (1988) übernehmen. (Weitergehende Rechte sind uns trotz intensiver Recherchen nicht bekannt geworden.) Hermann Wiegand sei gedankt für die Übersetzung des Vorwortes ins Lateinische sowie die Beratung bei der Erstellung des Glossars.

Das Buch sei allen Freunden der lateinischen Sprache und von Max und Moritz gewidmet und zwar, um Wilhelm Busch zu zitieren »mit der Bitte, das Ding recht freundlich in die Hand zu nehmen und hin und wieder ein wenig zu lächeln«.

Walter Sauer

Praefatio   Vorwort

Heu de pravis pueris
Quid auditis, legitis!
Ut de his, qui hic monstrantur,

Ach, was muss man oft von bösen
Kindern hören oder lesen!
Wie zum Beispiel hier von diesen,

Max et Moritz nominantur.
Et quos frustra incitatis,
Ut ad bonum adducatis
Saepe hac de re ridebant,
Clam eandem illudebant.
Attamen ad malas res
Promptos hos reperies.
Animantia torquere,
Mala, pira, pruna ferre
Certe est iucundius
Et ad hoc commodius
Quam in schola vel in aede
Permanere una sede.
Atqui »vae!« ter praedico,
Exitum cum reputo.
Peius non est, heu, quam id,
Quod ambobus obtigit!
Ergo sunt ab his peccata
Hic depicta, enarrata.

Welche Max und Moritz hießen;
Die, anstatt durch weise Lehren
Sich zum Guten zu bekehren,
Oftmals noch darüber lachten
Und sich heimlich lustig machten.
Ja, zur Übeltätigkeit,
Ja, dazu ist man bereit!
Menschen necken, Tiere quälen,
Äpfel, Birnen, Zwetschgen stehlen –
Das ist freilich angenehmer
Und dazu auch viel bequemer,
Als in Kirche oder Schule
Festzusitzen auf dem Stuhle.
Aber wehe, wehe, wehe!
Wenn ich auf das Ende sehe!
Ach, das war ein schlimmes Ding,
Wie es Max und Moritz ging.
Drum ist hier, was sie getrieben,
Abgemalt und aufgeschrieben.

Dolus primus

Favent quidam multa vi
Pecori volatili;
Primum ova diligunt,
Quae hae aves pariunt;
Iterum: quod tempore
Assum possunt edere;
Tertio et bonae sunt
Plumae, quas hae offerunt,
In pulvino, culcita:
Nemo amat frigora.

Erster Streich

Mancher gibt sich viele Müh
Mit dem lieben Federvieh;
Einesteils der Eier wegen,
Welche diese Vögel legen,
Zweitens: weil man dann und wann
Einen Braten essen kann;
Drittens aber nimmt man auch
Ihre Federn zum Gebrauch
In die Kissen und die Pfühle,
Denn man liegt nicht gerne kühle.

Item Bolte viduae
Haec sunt grata minime.

Seht, da ist die Witwe Bolte,
Die das auch nicht gerne wollte.

Tres gallinas possidebat,	Ihrer Hühner waren drei
Gallus ferox has regebat.	Und ein stolzer Hahn dabei.
Max et Moritz cogitant,	Max und Moritz dachten nun:
Quid in hac re faciant,	Was ist hier jetzt wohl zu tun?
Panem – semel bisque, ter –	Ganz geschwinde, eins, zwei, drei,
Dissecant celeriter.	Schneiden sie sich Brot entzwei,
Suntque crassitudine	In vier Teile, jedes Stück
Digiti particulae.	Wie ein kleiner Finger dick.
Decussatim alligant	Diese binden sie an Fäden,
Filis cunctas, collocant	Übers Kreuz, ein Stück an jeden,

Accurate postea	Und verlegen sie genau
Feminae in area.	In den Hof der guten Frau.

Gallus hoc vix conspicit,
Canere cum incipit:
Kik-riki! Kikikerik!!
Adsunt iam gallinae sic.

Kaum hat dies der Hahn gesehen,
Fängt er auch schon an zu krähen:
Kikeriki! Kikikerikih!!
Tak, tak, tak! – da kommen sie.

Gallus cum gallinis, vae,
Panem vorant avide.

Hahn und Hühner schlucken munter
Jedes ein Stück Brot hinunter;

Cum coeperunt cogitare,
Se non possunt liberare.

Aber als sie sich besinnen,
Konnte keines recht von hinnen.

Huc se, illuc rapiunt,
In diversa fugiunt.

In die Kreuz und in die Quer
Reißen sie sich hin und her,

Sublevant sublime se,
Sursum, heu, mehercule!

Flattern auf und in die Höh,
Ach herrje, herrjemine!

Arboris e ramulo
Pendent longo, arido.
Et fit collum longius,
Cantus magis anxius.

Ach, sie bleiben an dem langen
Dürren Ast des Baumes hangen.
Und ihr Hals wird lang und länger,
Ihr Gesang wird bang und bänger;

Ovum omnis cito dat,
Quia Mors iam advolat.

Jedes legt noch schnell ein Ei,
Und dann kommt der Tod herbei.

Bolte vidua audivit
Eiulatum, cum dormivit.

Witwe Bolte, in der Kammer,
Hört im Bette diesen Jammer;

Suspicans tum exsilit:
Heu, horrenda conspicit!

Ahnungsvoll tritt sie heraus:
Ach, was war das für ein Graus!

»Fluite, o lacrimae!
Sum privata omni spe;
Summa vitae somnia
Pendent ex arbuscula!«

»Fließet aus dem Aug, ihr Tränen!
All mein Hoffen, all mein Sehnen,
Meines Lebens schönster Traum
Hängt an diesem Apfelbaum!«

Animo maestissimo
Cultrum affert ilico;
Aves demit protinus,
Pendeant ne longius.

Tief betrübt und sorgenschwer
Kriegt sie jetzt das Messer her;
Nimmt die Toten von den Strängen,
Dass sie so nicht länger hängen,

Vultu tristi suspicit,
Muta tum se recipit.

Und mit stummem Trauerblick
Kehrt sie in ihr Haus zurück.

Dolo primo vix finito
Alter comparatur cito.

Dieses war der erste Streich,
Doch der zweite folgt sogleich.

Dolus alter

Nam cum Bolte vidua
Luctu esset vacua,
Multa meditanti tum
Hoc videtur optimum:
Pullis gallinaceis
Praemature mortuis
In occulto cum honore
Assis vesci bono more.
Maeror erat magnus certe,
Cum tam nudae et apertae
Essent vulsae aves hae,
Quae sereno tempore
Solum horti, areae
Deradebant hilare.

Zweiter Streich

Als die gute Witwe Bolte
Sich von ihrem Schmerz erholte,
Dachte sie so hin und her,
Dass es wohl das Beste wär,
Die Verstorbnen, die hienieden
Schon so frühe abgeschieden,
Ganz im Stillen und in Ehren
Gut gebraten zu verzehren.
Freilich war die Trauer groß,
Als sie nun so nackt und bloß
Abgerupft am Herde lagen,
Sie, die einst in schönen Tagen
Bald im Hofe, bald im Garten
Lebensfroh im Sande scharrten.

Denuo, heu, lacrimat,
Canis quoque iuxta stat.

Ach, Frau Bolte weint aufs Neu,
Und der Spitz steht auch dabei.

Max et Moritz olfecerunt,
Tectum cito erepserunt.

Max und Moritz rochen dieses;
»Schnell aufs Dach gekrochen!« hieß es.

Laeti per fumarium
Infra vident aves tum
Sine gula, capite,
Quae assantur prospere.

Durch den Schornstein mit Vergnügen
Sehen sie die Hühner liegen,
Die schon ohne Kopf und Gurgeln
Lieblich in der Pfanne schmurgeln.

Cum catillo vidua
It in cellam commoda,

Eben geht mit einem Teller
Witwe Bolte in den Keller,

Ut de caule acido
Sibi ferat ilico,
Quem praesertim appetit,
Cum iam hunc refoverit.
Sed in tecto impigri
Se exercent pueri.
Max, qui id iam divinavit,
Hamum secum apportavit.

Dass sie von dem Sauerkohle
Eine Portion sich hole,
Wofür sie besonders schwärmt,
Wenn er wieder aufgewärmt.
Unterdessen auf dem Dache
Ist man tätig bei der Sache.
Max hat schon mit Vorbedacht
Eine Angel mitgebracht.

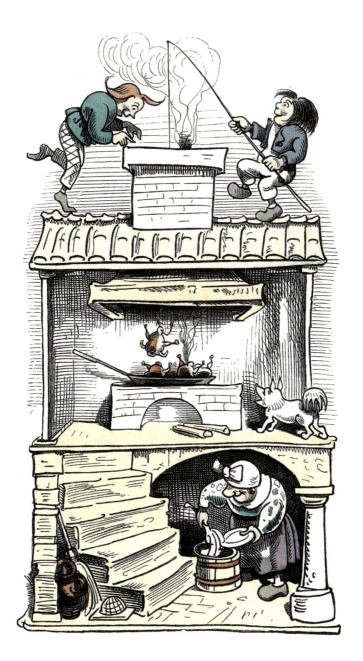

Eia! Pullus iam captatur
Atque sursum elevatur.

Schnupdiwup! Da wird nach oben
Schon ein Huhn heraufgehoben.

Eia, captant alterum!
Eia, nunc et tertium!
Quartum pullum denique:
»Eia, nunc habemus te!«
Atque canis hoc spectavit:
Voce maxima latravit.

Schnupdiwup! Jetzt Numro zwei;
Schnupdiwup! Jetzt Numro drei;
Und jetzt kommt noch Numro vier:
Schnupdiwup! Dich haben wir!!
Zwar der Spitz sah es genau,
Und er bellt: Rawau! Rawau!

Iam de tecto lapsi sunt,
Alacres effugiunt.
Fiet, vah, spectaculum:
Bolte venit commodum.
Adstat haec attonita,
Cum spectetur patina.

Aber schon sind sie ganz munter
Fort und von dem Dach herunter.
Na! Das wird Spektakel geben,
Denn Frau Bolte kommt soeben;
Angewurzelt stand sie da,
Als sie nach der Pfanne sah.

Omnes pullos perdidit!
»Canis!« primum extulit.

Alle Hühner waren fort,
»Spitz!« – das war ihr erstes Wort.

»Canis male! Tu portentum!
Isti sunto plagae centum!«

»Oh, du Spitz, du Ungetüm!
Aber wart! ich komme ihm!«

Grandi, gravi ligula
Canem tractat femina;
Magna voce eiulavit,
Nihil quoniam peccavit.

Mit dem Löffel, groß und schwer,
Geht es über Spitzen her;
Laut ertönt sein Wehgeschrei,
Denn er fühlt sich schuldenfrei.

Max et Moritz latebris
Stertunt sub vepreculis;
Totis de his dapibus
Exstat crus e faucibus.

Max und Moritz, im Verstecke,
Schnarchen aber an der Hecke,
Und vom ganzen Hühnerschmaus
Guckt nur noch ein Bein heraus.

Dolo altero finito
Tertius paratur cito.

Dieses war der zweite Streich,
Doch der dritte folgt sogleich.

Dolus tertius   Dritter Streich

Notus omni civi vici   Jedermann im Dorfe kannte
Incola, qui Boeck vult dici.   Einen, der sich Böck benannte.

Togas, stolas, tunicas,   Alltagsröcke, Sonntagsröcke,
Bracas longas, ocreas   Lange Hosen, spitze Fräcke,
Ac thoraces, pallia,   Westen mit bequemen Taschen,
Calida amicula –   Warme Mäntel und Gamaschen –
Omnes vestes civibus   Alle diese Kleidungssachen
Fecit Boeck vestificus.   Wusste Schneider Böck zu machen.
Si quid erat sarciendum,   Oder wäre was zu flicken,
Desecandum aut addendum,   Abzuschneiden, anzustücken,
Sive bulla est abscissa   Oder gar ein Knopf der Hose
Seu soluta vel amissa –   Abgerissen oder lose –
Quando, quid aut quomodo   Wie und wo und was es sei,
Aut quocumque sit loco: Hinten, vorne, einerlei –
Boeck magister efficit,   Alles macht der Meister Böck,
Cui is finis vitae sit.   Denn das ist sein Lebenszweck.
Quare illi totus vicus   Drum so hat in der Gemeinde
Haud gravatim est amicus.   Jedermann ihn gern zum Freunde.
Max et Moritz student tunc,   Aber Max und Moritz dachten,
Quomodo irritent hunc.   Wie sie ihn verdrießlich machten.

Ante huius domum fluit
Aqua, aestuans quae ruit.

Nämlich vor des Meisters Hause
Floss ein Wasser mit Gebrause.

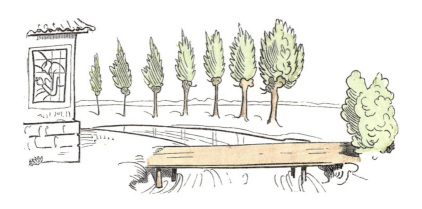

Super fert ponticulus
Viam praebens civibus.

Übers Wasser führt ein Steg
Und darüber geht der Weg.

Max et Moritz non cunctantes
Serra secant, sed celantes
(Facinus dolosum, oh!)
Rimam in ponticulo.

Max und Moritz, gar nicht träge,
Sägen heimlich mit der Säge,
Ritzeratze! voller Tücke,
In die Brücke eine Lücke.

| Vix hoc facinus finitur, | Als nun diese Tat vorbei, |
| Clamor subito auditur: | Hört man plötzlich ein Geschrei: |

»Exi, heus, o caper-Boeck!	»He, heraus! du Ziegen-Böck!
Vestifex, heus mec-me-mec!«	Schneider, Schneider, meck, meck, meck!«
Omnia Boeck tolerabat	Alles konnte Böck ertragen,
Neque se exagitabat;	Ohne nur ein Wort zu sagen;
Sed cum istud obtigit	Aber wenn er dies erfuhr,
Illi, tum iratus fit.	Ging's ihm wider die Natur.

Ulnam sumens propere	Schnelle springt er mit der Elle
Exsilit de limine;	Über seines Hauses Schwelle,
Nam de novo exterretur,	Denn schon wieder ihm zum Schreck
Rursus cum ter »mec!« clametur.	Tönt ein lautes: »Meck, meck, meck!«

Cum est in ponticulo,
Frangitur hic ilico.

Und schon ist er auf der Brücke,
Kracks! Die Brücke bricht in Stücke;

Rursus sonat: »Mec-me-mex!«
Tunc est mersus vestifex!

Wieder tönt es: »Meck, meck, meck!«
Plumps! Da ist der Schneider weg!

Commodum, dum fit haec res,
    Adnaverunt anseres;

Grad als dieses vorgekommen,
Kommt ein Gänsepaar geschwommen,

Crura potest propere
Boeck convulsus prendere.

Welches Böck in Todeshast
Krampfhaft bei den Beinen fasst.

Ambas aves tenens tum
    Volitat in aridum.

Beide Gänse in der Hand,
Flattert er auf trocknes Land.

Sed utcumque tale sit,
Gratum certo non est id;

Übrigens bei alledem
Ist so etwas nicht bequem;

Ut et Boeckium hac re
Venter coepit premere.

Wie denn Böck von der Geschichte
Auch das Magendrücken kriegte.

Est laudanda uxor tum!
Ferrum enim fervidum
Frigido in corpore
Corrigit hoc optime.

Hoch ist hier Frau Böck zu preisen!
Denn ein heißes Bügeleisen,
Auf den kalten Leib gebracht,
Hat es wieder gut gemacht.

Dicunt mox deorsum sursum:
»Noster Boeck est sanus rursum!«.

Bald im Dorf hinauf, hinunter,
Hieß es: »Böck ist wieder munter!«

Dolo tertio finito
Quartus comparatur cito.

Dieses war der dritte Streich,
Doch der vierte folgt sogleich.

Dolus quartus

Hoc decretum est: necesse
Homini discendum esse.
Non est solum A-B-C
Commodum pro homine;
Non est satis in scribendo
Exerceri, in legendo;
Nec, si rationibus
Operam das sedulus:
Quae quis docet sapienter,
Audienda sunt libenter!

Vierter Streich

Also lautet ein Beschluss:
Dass der Mensch was lernen muss.
Nicht allein das A-B-C
Bringt den Menschen in die Höh;
Nicht allein im Schreiben, Lesen
Übt sich ein vernünftig Wesen;
Nicht allein in Rechnungssachen
Soll der Mensch sich Mühe machen;
Sondern auch der Weisheit Lehren
Muss man mit Vergnügen hören.

Ut prudenter fiat id,
Laempel doctor prospicit.
Cui sunt non propitii
Max et Moritz gemini;
Nam qui dolos suscipit,
Non magistrum respicit.

Dass dies mit Verstand geschah,
War Herr Lehrer Lämpel da.
Max und Moritz, diese beiden,
Mochten ihn darum nicht leiden;
Denn wer böse Streiche macht,
Gibt nicht auf den Lehrer Acht.

Erat doctor strenuus
Tabaco obnoxius,
Quam rem tu haud dubie
Functo gravi munere
Seniori optimo
Tribuas ex animo.
Max et Moritz impigre
Student hunc eludere,
Si per fumisugium
Faciant quem impetum.
Quondam dum dominica
Laempel in ecclesia

Nun war dieser brave Lehrer
Von dem Tabak ein Verehrer,
Was man ohne alle Frage
Nach des Tages Müh und Plage
Einem guten alten Mann
Auch von Herzen gönnen kann.
Max und Moritz, unverdrossen,
Sinnen aber schon auf Possen,
Ob vermittelst seiner Pfeifen
Dieser Mann nicht anzugreifen.
Einstens, als es Sonntag wieder
Und Herr Lämpel brav und bieder

Cantat pio animo
Multo sensu organo,

In der Kirche mit Gefühle
Saß vor seinem Orgelspiele,

Repunt mali pueri
In conclave domini,
Ubi fumisugio
Max potitur ilico.

Schlichen sich die bösen Buben
In sein Haus und seine Stuben,
Wo die Meerschaumpfeife stand;
Max hält sie in seiner Hand;

Moritz tum e sinu, hem!
Nigrum promens pulverem
Caput fumisugii
Illo complet multa vi.
Clam et cito domum itur:
»Ite, missa est!« auditur.

Aber Moritz aus der Tasche
Zieht die Flintenpulverflasche,
Und geschwinde, stopf, stopf, stopf!
Pulver in den Pfeifenkopf.
Jetzt nur still und schnell nach Haus,
Denn schon ist die Kirche aus.

Templum clausit placide
Laempel ac recepit se;

Eben schließt in sanfter Ruh
Lämpel seine Kirche zu;

Cum libellis musicis   Und mit Buch und Notenheften,
Vacuus officiis   Nach besorgten Amtsgeschäften,

Laete gradus dirigit: Lenkt er freudig seine Schritte
Ad penates retro it.   Zu der heimatlichen Hütte,

Animo gratissimo   Und voll Dankbarkeit sodann
Laetaturus tabaco: Zündet er sein Pfeifchen an.

»Ah!« ait, »summum gaudium
Est mi, cum contentus sum!«

»Ach!« – spricht er – »die größte Freud
Ist doch die Zufriedenheit!«

Tonant tum tonitrua!
Qualis turba horrida!
Olla, vasa vitrea,
Atramentum, alia,
Fornax, mensa, sellulae
Diruuntur fulgure.

Rums! – Da geht die Pfeife los
Mit Getöse, schrecklich groß.
Kaffeetopf und Wasserglas,
Tabaksdose, Tintenfass,
Ofen, Tisch und Sorgensitz –
Alles fliegt im Pulverblitz.

Vapor ubi est sublatus,
Laempel iacet humi stratus,
Qui, et-si non mortuus,
Aliqui est saucius.

Als der Dampf sich nun erhob,
Sieht man Lämpel, der gottlob!
Lebend auf dem Rücken liegt;
Doch er hat was abgekriegt.

Naso, manu, ore, auri
Est tam niger, quam sunt Mauri,
Et in vertice capilli
Plane sunt combusti illi.

Nase, Hand, Gesicht und Ohren
Sind so schwarz als wie die Mohren,
Und des Haares letzter Schopf
Ist verbrannt bis auf den Kopf.

Quis nunc pueros docebit?	Wer soll nun die Kinder lehren
Et quis litteras augebit?	Und die Wissenschaft vermehren?
Quis illius ardua	Wer soll nun für Lämpel leiten
Aget nunc negotia?	Seine Amtestätigkeiten?
Unde fumet, nescio	Woraus soll der Lehrer rauchen,
Fracto fumisugio.	Wenn die Pfeife nicht zu brauchen?

Quodvis sensim sanum fit:	Mit der Zeit wird alles heil,
Pipa prorsus periit.	Nur die Pfeife hat ihr Teil.
Dolo quarto vix finito	Dieses war der vierte Streich,
Quintus comparatur cito.	Doch der fünfte folgt sogleich.

Dolus quintus

Ruri cui avunculus
Aut in urbe patruus,
Moribus urbanis sit!
Nam hoc ille diligit.
»Qui dormisti?« mane rogant;
Quidquid vult, in mensa locant:
Libros, fumisugium,
Cum sapone tabacum.
Si quid hunc in tergo premit,
Mordet sive manus tremit,
Cito mente hilari
Pleni sunt officii.
Aut si hausto tabaco
Sternuit ex animo
»Prosit!« clamant propere,
»Velis diu vivere!«
Domum sero veniente
Caligae sunt extrahendae;
Crepidas, amiculum
Portant; nam est frigidum.
Ne sim longus: agitant,
Patruo quae placeant.
Max et Moritz minime
Volunt sic se gerere.
Quid fecerunt cum dolo
Friderico patruo!

Fünfter Streich

Wer im Dorfe oder Stadt
Einen Onkel wohnen hat,
Der sei höflich und bescheiden,
Denn das mag der Onkel leiden.
Morgens sagt man: »Guten Morgen!
Haben Sie was zu besorgen?«
Bringt ihm, was er haben muss:
Zeitung, Pfeife, Fidibus.
Oder sollt es wo im Rücken
Drücken, beißen oder zwicken,
Gleich ist man mit Freudigkeit
Dienstbeflissen und bereit.
Oder sei's nach einer Prise,
Dass der Onkel heftig niese,
Ruft man »Prosit!« allsogleich,
»Danke, wohl bekomm es Euch!«
Oder kommt er spät nach Haus,
Zieht man ihm die Stiefel aus,
Holt Pantoffel, Schlafrock, Mütze,
Dass er nicht im Kalten sitze,
Kurz, man ist darauf bedacht,
Was dem Onkel Freude macht.
Max und Moritz ihrerseits
Fanden darin keinen Reiz.
Denkt euch nur, welch schlechten Witz
Machten sie mit Onkel Fritz!

Dulci mense Maio, he-us!
Stridens volat scarabaeus,

Jeder weiß, was so ein Mai-
Käfer für ein Vogel sei.

Qui in ramis volitat,
Repit, serpit, haesitat.

In den Bäumen hin und her
Fliegt und kriecht und krabbelt er.

Max et Moritz alacres
Quatiunt tum arbores.

Max und Moritz, immer munter,
Schütteln sie vom Baum herunter.

Et in sacculos ingentes
Indunt bestias repentes.

In die Tüte von Papiere
Sperren sie die Krabbeltiere.

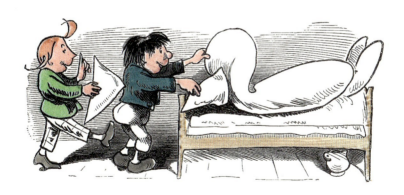

Quas supponunt subdoli
Tegumento patrui.

Fort damit und in die Ecke
Unter Onkel Fritzens Decke!

Mox it ille cubitum
Acrem gerens pilleum.
Claudit oculos: solutus
Curis dormit, involutus.

Bald zu Bett geht Onkel Fritze
In der spitzen Zippelmütze;
Seine Augen macht er zu,
Hüllt sich ein und schläft in Ruh.

Atqui scarabaei, oh!　　Doch die Käfer, kritze, kratze!
Repunt, heu, e stragulo.　　Kommen schnell aus der Matratze.

Iam, qui praeest agmini,　　Schon fasst einer, der voran,
Captat nasum patrui.　　Onkel Fritzens Nase an.

»Au!« exclamat, »quid est id?«
Atque monstrum comprimit.

»Bau!« schreit er – »Was ist das hier?«
Und erfasst das Ungetier.

Prensus tunc formidine
Lectum fugit propere.

Und den Onkel, voller Grausen,
Sieht man aus dem Bette sausen.

| Iterum fit impetus | »Autsch!« – Schon wieder hat er einen |
| In cervice, cruribus. | Im Genicke, an den Beinen; |

| Huc et illuc volitatur, | Hin und her und rund herum |
| Repitur ac murmuratur. | Kriecht es, fliegt es mit Gebrumm. |

Magna in miseria   Onkel Fritz, in dieser Not,
Caedit, calcat omnia.   Haut und trampelt alles tot.

Viden: adiumento Dei   Guckste wohl! Jetzt ist's vorbei
Iam non repunt scarabaei.   Mit der Käferkrabbelei!

Rursus pax est patruo:	Onkel Fritz hat wieder Ruh
Dormit clauso oculo.	Und macht seine Augen zu.
Dolo quinto vix finito	Dieses war der fünfte Streich,
Sextus comparatur cito.	Doch der sechste folgt sogleich.

## Dolus sextus	## Sechster Streich
Pulchris cum paschalibus	In der schönen Osterzeit,
Piis a pistoribus	Wenn die frommen Bäckersleut
Crusta dulcia coquuntur	Viele süße Zuckersachen
Et scriblitae exstruuntur;	Backen und zurechte machen,
Max et Moritz volunt se	Wünschten Max und Moritz auch
Tale posse edere.	Sich so etwas zum Gebrauch.

At pistrinum pistor vi
Claudit more providi.

Doch der Bäcker, mit Bedacht,
Hat das Backhaus zugemacht.

Debet, qui vult abstergere,
Per caminum se torquere.

Also, will hier einer stehlen,
Muss er durch den Schlot sich quälen.

Volant sic per focum hi
Sicut corvi subnigri.

Ratsch! Da kommen die zwei Knaben
Durch den Schornstein, schwarz wie
Raben.

Plex! In plenam cistam cadunt,
In farinam sic invadunt.

Puff! Sie fallen in die Kist,
Wo das Mehl darinnen ist.

Ecce! Nunc sunt ambo hi   Da! Nun sind sie alle beide
Instar cretae candidi.   Rund herum so weiß wie Kreide.

Voluptate maxima   Aber schon mit viel Vergnügen
Vident iam cuppedia.   Sehen sie die Brezeln liegen.

Frangitur fragore sedes: Knacks! Da bricht der Stuhl entzwei;

Eminent e pulte pedes.   Schwapp! Da liegen sie im Brei.

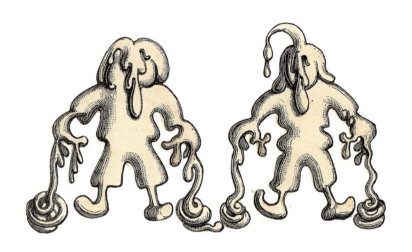

Massa involuti plane
Miserabiles sunt sane.

Ganz von Kuchenteig umhüllt
Stehn sie da als Jammerbild.

Statim pistor introit
Et lambentes conspicit.

Gleich erscheint der Meister Bäcker
Und bemerkt die Zuckerlecker.

Prius, quam id sentiunt,
Ambo panes facti sunt.

Eins, zwei, drei! – eh man's gedacht,
Sind zwei Brote draus gemacht.

Cum sit furnus fervidus,
In foramen protinus!

In dem Ofen glüht es noch –
Ruff! – damit ins Ofenloch!

Coctos deinde extrahunt: Ruff! – Man zieht sie aus der Glut;
Fusci nunc et boni sunt. Denn nun sind sie braun und gut.

Hos perisse putant cuncti; Jeder denkt, die sind perdü!
Immo: fato non sunt functi. Aber nein! – noch leben sie!

Velamenta perrodebant
Instar murum, consumebant.

Knusper, knasper! – wie zwei Mäuse
Fressen sie durch das Gehäuse;

Et magister clamat: »Vae!
Evolant, mehercule!«

Und der Meister Bäcker schrie:
»Ach herrje! da laufen sie!«

Dolo sexto vix finito
Ultimus paratur cito.

Dieses war der sechste Streich,
Doch der letzte folgt sogleich.

Dolus ultimus   Letzter Streich

Max et Moritz, vobis vae!   Max und Moritz, wehe euch!
Finis fit malitiae!   Jetzt kommt euer letzter Streich!

Quam ad rem in saccis hi   Wozu müssen auch die beiden
Rimas secant subdoli?   Löcher in die Säcke schneiden?

Iam agricola intravit,   Seht, da trägt der Bauer Mecke
Primum saccum deportavit.   Einen seiner Maltersäcke.

Sed vix ille abiit,	Aber kaum, dass er von hinnen,
Fluere far incipit.	Fängt das Korn schon an zu rinnen.

Tum admirans subsistebat:	Und verwundert steht und spricht er:
»Quinam levius fiebat?«	»Zapperment! dat Ding werd lichter!«

Laetus videt occultare
Max et Moritz se in farre.

Hei! Da sieht er voller Freude
Max und Moritz im Getreide.

Vae, in saccum maximum
Verritur par perditum!

Rabs! – in seinen großen Sack
Schaufelt er das Lumpenpack.

Fit ambobus atra nox:
Nam ad molas itur mox.

Max und Moritz wird es schwüle,
Denn nun geht es nach der Mühle.

»Molitor, heus, move te!
Mole quam celerrime!«

»Meister Müller, he, heran!
Mahl er das, so schnell er kann!«

»Cedo!« Et par pessimum
Dat in infundibulum.

»Her damit!« Und in den Trichter
Schüttelt er die Bösewichter.

Molit mola continenter,
Molens crepat vehementer.

Rickeracke! Rickeracke!
Geht die Mühle mit Geknacke.

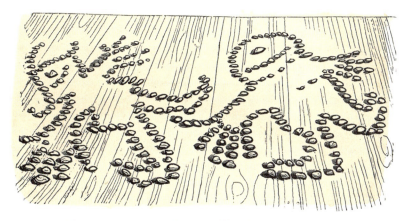

Conspicari hic est fas
Corporum particulas.

Hier kann man sie noch erblicken
Fein geschroten und in Stücken.

Comedunt has, ut vides,

Doch sogleich verzehret sie

Molitoris anates.

Meister Müllers Federvieh.

Epilogus

Cum in vico hoc vulgatur,
Nihil luctus ostentatur.
Mitis Bolte vidua:
»En! praescivi omnia!«
Boeck exclamat: »Factum rite!
Pravitas non finis vitae!«
Et praeceptor Laempel tum:
»Est exemplum iterum.«
»Sane!« pistor meditatur,
»Quare nimium gustatur!«
Fridericus patruus:
»Cadit nimis lepidus!«
Atqui vox agricolae:
»Nil est mi com olla re!«
Ergo ubicumque vici
Quis audire laete dici:
»Tandem, Deo gratias!
Periit malignitas!!«

Schluss

Als man dies im Dorf erfuhr,
War von Trauer keine Spur.
Witwe Bolte, mild und weich,
Sprach: »Sieh da, ich dacht es gleich!«
»Ja, ja, ja!« rief Meister Böck,
»Bosheit ist kein Lebenszweck!«
Drauf so sprach Herr Lehrer Lämpel:
»Dies ist wieder ein Exempel!«
»Freilich!« meint der Zuckerbäcker,
»Warum ist der Mensch so lecker?!«
Selbst der gute Onkel Fritze
Sprach: »Das kommt von dumme Witze!«
Doch der brave Bauersmann
Dachte: »Wat geiht meck dat an?!«
Kurz, im ganzen Ort herum
Ging ein freudiges Gebrumm:
»Gott sei Dank! Nun ist's vorbei
Mit der Übeltäterei!«

Glossarium

Das Glossar beschränkt sich meistens auf Wörter, die im gegenüberge-
stellten deutschen und lateinischen Text keine direkte Entsprechung haben
oder nicht leicht aus dem Zusammenhang erschließbar sind.

abstergere	stehlen
acer	spitz
adducere	heranführen
adnatare	herbeischwimmen
aestuare	schäumen
agmen, inis, n.	Schar
alacer	munter
amiculum, i, n.	Überwurf, Schlafrock
anas, tis, f.	Ente
animans, tis, m.	Tier
appetere	verlangen
arbuscula, ae, f.	Bäumchen
arduus, a, um	schwierig, mühevoll
aridus, a, um	trocken
assari	braten
assum, i, n.	Braten
ater, atra, atrum	schwarz
atramentum, i, n.	Tinte
attamen	doch, aber
attonitus, a, um	bestürzt
bis	zweimal
caliga, ae, f.	Stiefel
catillus, i, m.	Teller, Schüssel
commodum	soeben
commodum, i, m.	Vorteil
coquere	backen
crassitudo, inis, f.	Dicke
creta, ae, f.	Kreide
crepida, ae, f.	Pantoffel, Sandale
crus, cruris, n.	Schenkel

crustum, i, n.	Backwerk
cubitum ire	zu Bett gehen
culcita, ae, f.	Polster, Pfühl
cunctari	zögern
cuppedia, orum, n. pl.	Leckereien
daps, dapis, f.	Schmaus
decussatim	kreuzweise
demittere	herabnehmen
deorsum sursum	hinauf und hinunter
deradere	scharren
digitus particulae	kleiner Finger
dolosus, a, um	tückisch
dolus, i, m.	Streich, List
eminere	herausragen
erepere	erklimmen
exsilire	herausspringen
exstruere	aufbauen
facinus, oris, n.	Untat
far, farris, n.	Spelt (Weizen)
fas	recht, billig
fato fungi	sterben
fauces, ium, f. pl.	Kehle, Hals
favere	gewogen sein
foramen, inis, n.	(Ofen-)Loch
formido, inis, f.	Grauen
fornax, acis, f.	Ofen
fragor, oris, m.	Geräusch
frustra	vergeblich
fulgur, ris, n.	Blitz
fumarium, i, n	Schornstein
fumisugium, i, n.	Pfeife
fuscus, a, um	braun, dunkel
gerere	tragen
gravatim	ungern
gula, ae, f.	Gurgel, Kehle
gratus, a, um	angenehm
gustare	genießen, naschen
haesitare	hängen

haud dubie	zweifelsohne
ilico	sogleich
illudere	spotten
immo	im Gegenteil
impetus, us, m.	Angriff
impiger	nicht träge
incitare	reizen, begeistern
infundibulum, i, n.	Trichter
instar	gleichwie
involutus, a, um	eingehüllt
laetaturus, a, um	in Vorfreude auf
latebrae, f., pl.	Versteck
lepidus, a, um	witzig
limen, inis, n.	Schwelle
luctus, us, m.	Trauer
maeror, oris, m.	Trauer
maestissimus, a, um	sehr betrübt
mane	am Morgen
massa, ae, f.	Teig
minime	keineswegs
mutus, a, um	stumm
nil est mi com olla re (Dialekt)	das geht mich nichts an
nimis	allzu
obnoxius, a, um	verfallen, ergeben
obtingere	widerfahren
ocrea, ae, f.	Beinschiene, Gamasche
olfacere	riechen
olla, ae, f.	Topf
pallium, ii, n.	Mantel
par, is, n.	Paar
patina, ae, f.	Pfanne
pecus (oris, n.) volatile	Federvieh
penates (ad penates)	Hausgötter (nach Hause)
perrodere	durchnagen
pilleus, i, m.	Mütze
plaga, ae, f.	Schlag
plane	ganz
portentum, i, n.	Ungeheuer

potiri	an sich nehmen
praebere	geben, darbieten
praedicare	bekannt machen, erklären
praemature	vorzeitig
praesertim	besonders
pravus, a, um	böse
premere	drücken
propere	eilend
propitius, a, um	freundlich
prorsus	ganz und gar
prospere	nach Wunsch
prospicere	für etwas sorgen
protinus	sogleich
pullus gallinaceus, i, m.	junges Huhn
puls, tis, f.	Brei
pulvinus, i, m.	Kissen
quatere	schütteln
quire (quis)	können (man kann)
ramulus, i, m.	kleiner Zweig
refovere	aufwärmen
reperire	finden
repere	krabbeln, kriechen
reputare	bedenken, erwägen
sacculus, i, m.	Säckchen
sane	ganz
sapo, nis f.	Seife
saucius, a, um	verletzt
scriblita, ae	Torte
semel	einmal
sensim	allmählich
serpere	kriechen
sinus, us, m.	Tasche
stertere	schnarchen
stragulum, i, n.	Decke, Matratze
stridere	schwirren
subdolus, a, um	listig
sublime	in die Höhe
subniger	schwärzlich

subsistere	stehen bleiben
sursum	in die Höhe
suspicere	emporblicken
tabacum haurire	schnupfen
tegumentum, i, n.	Decke
tonitruum, i, n.	Donnerschlag
urbanus, a, um	höflich
utcumque	sobald
vah!	ei!
velamentum, i, n.	Gehäuse
veprecula, ae, f.	Dornstrauch
verrere	fegen
vesci	speisen
viden = vides-ne	siehst du
vorare	hinunterschlingen
vulgare	bekannt machen
vulsus, a, um (volvere)	gerupft

Ebenfalls bei Edition Tintenfaß erschienen:

ISBN 978-3-937467-46-7

ISBN 978-3-937467-78-8

ISBN 978-3-937467-24-5

ISBN 978-3-937467-13-9

Edition Tintenfaß, D-69239 Neckarsteinach, Tel. / Fax: +49 - 62 29 - 23 22
www.verlag-tintenfass.de / info@verlag-tintenfass.de